씨앗 톡톡 과학 그림책 8

뚝딱뚝딱 집 짓는 동물들

초판 1쇄 발행 2016년 12월 5일
초판 3쇄 발행 2020년 8월 5일

글 프랑수아즈 로랑 **그림** 카퓌신 마질 **옮김** 이정주 **감수** 주희영

펴낸곳 도서출판 개암나무(주)
펴낸이 김보경
경영지원 총괄 김수현
편집 조원선 배우리 조어진 **디자인** 배정은 김재미 **마케팅** 신종연
출판등록 2006년 6월 16일 제22-2944호

주소 서울특별시 용산구 한남대로40길 19, 4층(한남동, JD빌딩) (우)04417
전화 (02)6254-0601, 6207-0603 **팩스** (02)6254-0602 **E-mail** gaeam@gaeamnamu.co.kr
개암나무 블로그 http://blog.naver.com/gaeamnamu **개암나무 카페** http://cafe.naver.com/gaeam

TOUS AUX ABRIS
written by Françoise LAURENT and illustrated by Capucine MAZILLE
copyright © Les Editions du Ricochet, Nice, 2015
Korean Translation Copyright © Gaeamnamu Publishing Co. Ltd., 2016
All rights reserved.
This Korean edition was published by arrangement with
Les Editions du Ricochet (Nice) through Bestun Korea Agency Co., Seoul

이 책의 한국어판 저작권은 베스툰 코리아 에이전시를 통한 저작권자와의 독점 계약으로 개암나무㈜에 있습니다.
저작권법에 의해 한국 내에서 보호를 받는 저작물이므로 무단 전재와 무단 복제를 금합니다.

ISBN 978-89-6830-338-8 74400
     978-89-6830-100-1(세트)

이 도서의 국립중앙도서관 출판시도서목록(CIP)은 서지정보유통지원시스템 홈페이지(http://seoji.nl.go.kr)와
국가자료공동목록시스템(http://www.nl.go.kr/kolisnet)에서 이용하실 수 있습니다. (CIP제어번호: CIP2016027211)

품명 아동 도서 | **제조년월** 2020년 8월 5일 | **사용연령** 8세 이상
제조자명 개암나무(주) | **제조국명** 대한민국 | **전화번호** 02-6254-0601
주소 서울특별시 용산구 한남대로40길 19, 4층(한남동, JD빌딩)

뚝딱뚝딱 집 짓는 동물들

프랑수아즈 로랑 글 카퓌신 마질 그림 이정주 옮김 주희영(대전과학고 교사) 감수

개암나무

검은머리베짜는새

땅속과 땅 위의 드넓은 공간에,
나무뿌리 사이사이와 텅 빈 나무줄기 속에,
심지어 높은 산꼭대기와 깊은 바닷속에도
수많은 동물들이 살고 있어요.
자연이라는 커다란 울 안에 아늑한 집을 지어
먹고 자고, 새끼를 낳아 기르며 살아가지요.

표범

어떤 동물들은 늘 다니는 길 근처에 집을 마련해요.
포식 동물이 나타나면 재빨리 숨어야 하니까요.
도마뱀은 돌 사이로 냉큼 사라지고,
고슴도치는 나무뿌리 밑으로 쏙 들어가요.

박쥐는 캄캄한 동굴로 피하고,
사슴 가족은 덤불숲에 조용히 숨어요.

동물의 왕 사자는 집이 따로 없어요. 힘이 세서 두려울 게 없거든요.
별이 총총한 밤에 밖에서 자도 안전하답니다.
그런데 새끼 사자들은 달라요. 배고픈 수사자에게 잡아먹힐 수도 있어요.
이때는 암사자가 새끼를 데리고 무리에서 나와 살기도 해요.
그런가 하면 암곰은 굴에서 홀로 새끼를 낳아 기르며 추운 겨울을 난답니다.

수사자

암사자

붉은다람쥐

야무진 살림꾼 다람쥐는 안전한 나무 구멍을 찾아
둥지를 틀고, 여기저기 매만져서 아늑하게 꾸며요.
잔가지와 깃털을 깔아 폭신폭신하게 만들고,
나뭇가지 밑에 겨우내 먹을 양식을 꽁꽁 숨겨 둬요.
저기를 봐요, 다람쥐가 나무 구멍 집으로 쪼르르 들어가네요!

암오리

어떤 새들은 충분히 자란 모습으로 알에서 깨어나요.
보송보송 털이 돋아 있고, 곧바로 걸어 다녀요.
닭과 오리, 자고새, 종다리, 메추라기가 그래요.

암탉

이런 새들은 얼기설기 지은 둥지에서도 잘 지내요.
움푹 파인 땅에 짚이나 마른풀을 겹겹이 쌓으면,
짜잔! 벌써 둥지가 완성됐어요.

대서양퍼핀

바다 새들은 주로 바위나 절벽에 둥지를 틀어요.
모래사장에 구덩이를 파고 그 속에 알을 낳기도 하지요.
바다가마우지는 절벽의 오목한 자리에
마른풀과 해초로 접시 모양 둥지를 지어요.
대서양퍼핀은 물갈퀴가 달린 발로 굴을 1미터나 파고 알을 숨겨요.
알을 딱 하나만 낳기 때문에 금이야 옥이야 보살핀답니다.

딱따구리는 나무 기둥에 구멍을 뚫어 둥지를 만들어요.

튼튼한 부리로 나무를 콕콕 쪼아 파내지요.

머리뼈가 워낙 단단해서 나무에 머리를 쾅 부딪혀도 끄떡없어요.

튼실한 발 근육과 갈고리 모양 발톱은 나무껍질을 꽉 움켜쥐기에 좋아요.

오색딱따구리

대개 물고기들은 물에 바로 알을 낳지만,
어떤 종류는 움푹 팬 바위틈이나 무성한 해초 사이에 알을 낳아요.
정성껏 둥지를 만들어 그 속에 알을 낳는 물고기도 있지요.
수컷 큰가시고기가 그래요. 물풀을 꼼꼼히 엮어 둥지를 만들지요.
싸움꾼 베타는 침으로 만든 공기 방울로 둥지를 지어요.
앗, 저기 몸집이 큰 아로와나의 입에서 새끼들이 나오네요!
아로와나는 입 속에서 알을 부화시켜요.
알은 안전하게 지키겠지만, 밥을 먹지 못해 배고프겠어요!

큰가시고기

땅속에는 몸집이 작은 동물들이 많이 살아요.
그중 포유동물들은 땅굴을 파서 방을 여러 개 만들어요.
잠자는 방과 먹이를 모아 두는 방, 새끼를 낳는 방은 물론, 화장실까지 만들지요!
방과 방 사이에 길을 내고, 밖으로 나가는 길도 여러 갈래로 뚫어요.
침입자가 나타나면 후다닥 도망칠 수 있게끔 머리를 쓴 거예요.

민달팽이
들쥐
귀뚜라미
땅강아지

여우

여우는 굴을 파기 싫으면 종종 오소리 굴에 들어가 살아요.
오소리는 할아버지부터 손주까지 한데 모여
대가족을 이루고 살기 때문에 굴을 아주 크게 만들거든요.
새끼가 태어날 때마다 방을 새로 만들다 보니,
굴이 땅속 깊이 뻗어서 마치 마을을 이룬 것처럼 드넓어요.
깔끔한 오소리는 마른풀이 더러워지면 바로바로 밖에 갖다 버려요.
여우는 정반대랍니다. 굴에서 먹이가 썩어 냄새가 풀풀 나도 내버려 둬요.
아무래도 오소리와 여우가 한집에 살기는 쉽지 않아 보이네요!

땅굴 파기의 달인은 누구일까요? 바로 산토끼예요!
산토끼는 무리 지어 땅속 마을에 살아요.
수백 개의 방을 만들고 모든 방을 구불구불한 길로 이어요.
암토끼는 새끼 낳을 때가 되면 집 가까운 곳에 굴을 새로 파고,
부드러운 풀이랑 자기 배에서 뽑은 털을 깔아 침대를 만들어요.
따뜻한 봄이 오면, 아기 토끼들이 굴에서 나와
들꽃이 활짝 핀 풀밭을 폴짝폴짝 뛰어다닌답니다.

산토끼

어떤 새들은 벌거숭이로 알에서 깨어나 곧바로 걷거나 먹이를 구할 수 없어요.

부모 새는 연약한 새끼를 안전하게 지키기 위해 높은 나무에 튼튼한 둥지를 지어요.

까치는 도둑이 들지 못하게 뾰족한 가시로 지붕을 만들고,

황새는 마을에서 가까운 나무나 기둥에 둥지를 틀어요.

검은지빠귀는 이끼와 잔가지를 촘촘히 엮어 동그란 둥지를 지어요.

재봉새는 나뭇가지 두 장을 붙여서 원뿔 모양 집을 짓는답니다!

검은지빠귀

재봉새

검독수리는 높은 절벽 위에 지름이 2미터나 되는 거대한 둥지를 틀어요.
몸집이 큰 검독수리가 새끼와 함께 살려면 아주 넓은 집이 필요하거든요.
게다가 새끼가 새로 태어날 때마다 부지런히 집을 고치기 때문에
둥지는 점점 크고 튼튼해진답니다.

검독수리

꿀벌들도 훌륭한 건축가예요! 영차 영차 성실히 집을 짓지요.

일벌들이 밀랍*을 분비해서 육각형 모양 방을 만들고,

그 수많은 방들을 층층이 쌓아서 벌집을 완성해요.

벌 무리에서 여왕벌만이 유일하게 알을 낳아요.

여왕벌을 둘러싼 일벌들은 할 일이 아주 많아요.

청소를 하고, 애벌레를 돌보고, 날개를 쳐서 신선한 공기를 들여오고,

침입자에 맞서 싸우거나 꿀을 모으는 등 저마다 특별한 역할을 맡는답니다.

수만 마리의 꿀벌들이 힘을 모아서

멋진 벌집을 이루고 살아가는 거예요!

밀랍 벌집을 만들기 위해 꿀벌이 분비하는 물질. 빛깔이 누렇고 상온에서 단단하게 굳는 성질이 있다.

꿀벌

밀랍

집 짓기 선수로 비버를 빼놓을 수 없어요!

비버는 앞니로 나무를 갉아 쓰러뜨린 다음,

나뭇가지를 모아 차곡차곡 쌓고, 진흙을 꼼꼼히 발라요.

먼저 튼튼한 댐을 만들고, 댐 안쪽에 집을 짓지요.

그런데 무서운 포식 동물이 쳐들어오면 어쩌죠?

걱정 없어요. 집으로 들어가는 문이 물속에 있거든요.

비버는 물속에서 숨을 20분이나 참을 수 있어요.

훌륭한 수영 선수에게 딱 맞는 집인 셈이지요!

비버

흰개미 집

흰개미의 높은 집 안에는 굴뚝이 있어서
땅속 공기가 굴뚝을 흐르며 집의 온도를 알맞게 유지해요.
풀숲무덤새는 모래와 나뭇잎을 쌓아 큰 둥지를 만들어요.
모래로 알을 덮거나 걷어 내는 식으로 햇빛을 조절하여
알이 부화하기 좋은 온도를 만들지요.

어때요, 정말 놀랍고 신기하지요!
동물들은 어떻게 이런 집을 지을까요?
집 짓는 기술을 배우기라도 한 걸까요?
아니면 설계를 할 줄 아는 걸까요?
그렇지 않아요.
그저 본능으로 척척 짓는 거랍니다.

풀숲무덤새

요점 콕콕! 동물들의 집

동물들은 포식 동물의 공격을 피하기 위해 멋진 집을 지어요! 땅을 파는 동물들은 땅속에 집을 만들어 몸을 숨겨요. 땅속 집은 사막의 더위와, 북극 또는 겨울의 추위를 막아 주지요. 그래서 들쥐와 다람쥐 같은 설치 동물이나 귀뚜라미, 거북이는 겨울이 오면 안전한 땅속으로 들어가 겨울잠을 자요.

땅속 집은 단순한 구덩이부터 미로처럼 복잡한 땅굴까지 모양이 무척 다양하답니다. 두더지의 튼튼한 어깨와 삽처럼 생긴 두툼한 발은 땅속에서 생활하기에 알맞아요. 게다가 털은 걷는 방향에 따라 결이 달라져서, 좁은 땅굴에서도 앞뒤로 편하게 움직일 수 있지요.

여우의 땅속 집에는 방이 세 개밖에 없어요. 곁방과 먹이 저장실, 그리고 암컷이 새끼들과 함께 머무는 방이에요. 여우가 오소리 굴이나 토끼 굴에 들어가 살아도 오소리와 토끼는 겁먹지 않아요. 여우는 절대 집 근처에서 사냥을 하지 않거든요. 마르모트는 특이하게도 두 군데의 집을 번갈아 가며 살아요. 겨울에는 초원의 땅굴이나 바위틈에서 겨울잠을 자고, 여름이 되면 높은 지대로 옮겨 가지요.

땅을 파는 동물 중 덩치가 가장 큰 북극곰은 흙이나 눈을 파서 굴을 만들어요. 족제비는 사냥하느라 너무 바빠서 굴을 만들 시간이 없어요. 아무도 살지 않는 굴을 찾아 집으로 삼지요. 살모사는 토끼들이 나간 굴에서 산답니다.

집이 별로 필요 없는 동물들도 있어요. 힘이 세서 두려울 게 없는 동물들은 어디서든 그저 조용히 쉬기만 하면 되니까 굳이 집을 만들거나 얻지 않아요. 늑대는 동굴이나 큰 바위 밑으로 들어가 온종일 꾸벅꾸벅 졸고, 멧돼지는 덤불 아래 진흙탕에서 뒹굴며 지내지요.

새들은 무리를 짓거나 홀로 생활하며 다양한 집을 지어요.

필요에 따라 땅 위에 둥지를 틀기도 하고, 나뭇가지나 나무줄기, 지붕밑, 툭 튀어나온 암벽같이 다양한 곳에 둥지를 틀어요. 집 짓는 재료도 짚, 풀, 이끼, 동물의 털, 해초, 진흙, 침, 나뭇가지, 거미줄 등으로 아주 다양하지요.

홍부리황새는 접근하기 쉬운 높은 탑 또는 나무에 둥지를 틀어요. 홍부리황새의 둥지는 어마어마하게 커요. 무게는 500킬로그램에, 지름이 2미터나 된답니다. 굉장하지요!

물가에 사는 동물들은 알을 어떻게 지킬까요? 암컷 거북이와 뱀은 흙이나 모래에 구덩이를 파고 알을 낳아요. 그런 다음, 흙으로 잘 덮어 알을 감쪽같이 숨겨요! 비단뱀은 암컷 혼자서 알을 낳아요. 알 더미 위에 똬리를 틀고서 알이 부화할 때까지 지키지요.

대부분의 물고기들은 알을 돌보지 않아요. 한 번에 많은 알을 물속에 쏟아 내면 그만이지요. 하지만 어떤 물고기들은 바위나 물풀 사이, 바닥의 작은 틈에 조심스럽게 알을 낳아요. 정성껏 둥지를 지어 알을 보호하는 물고기도 있어요.

동물들에게 집 짓기는 먹고 마시고 자고 숨 쉬고 번식하는 것만큼이나 중요해요. 포식 동물의 공격이나 각종 위험으로부터 자신을 지키기 위해 영리하게 집을 짓지요. 한 번도 배운 적은 없지만 태어날 때부터 본능으로 척척 해내요. 이것도 놀라운 자연의 법칙 중 하나랍니다!

글 프랑수아즈 로랑

1956년 모로코에서 태어나 7세에 프랑스 남부의 니스로 이주했습니다. 말의 즐거움에 빠져 배우가 되었고, 10년 동안 연극 무대에 섰습니다. 그러다 삶에 작은 변화가 일어나 30대에 들어서면서부터 초등학교 교사가 되었습니다. 지금은 어린이를 위해 유익한 글을 쓰는 동화 작가로 활동 중입니다.

쓴 책으로《동물 풀 뜯어 먹는 소리는 와작와작》,《그래서 우리 집은 어디에 있어요?》,《가자, 소크라테스!》등이 있습니다.

그림 카퓌신 마질

1953년 네덜란드에서 태어났습니다. 화가인 아버지의 영향으로 어렸을 때부터 색연필, 붓과 친하게 지냈습니다. 헤이그 왕립 아카데미에서 미술을 공부한 뒤, 프랑스로 건너가 남편을 만났고 세 아이와 함께 프랑스 오트 사부아 지방에서 살고 있습니다. 유머를 좋아하며, 시와 동화에서 영감을 받아 수채화를 그리고 있습니다. 수십 년 동안 프랑스뿐 아니라 이탈리아, 네덜란드에서 작품 전시회를 열었고 캐나다, 미국, 프랑스 등 세계 여러 나라의 어린이책에 그림을 그리고 있습니다.

그린 책으로《동물 풀 뜯어 먹는 소리는 와작와작》,《하늘 길 따라 훨훨 나는 철새》,《세 발 달린 작은 까마귀》,《괴물들의 알파벳》등이 있습니다.